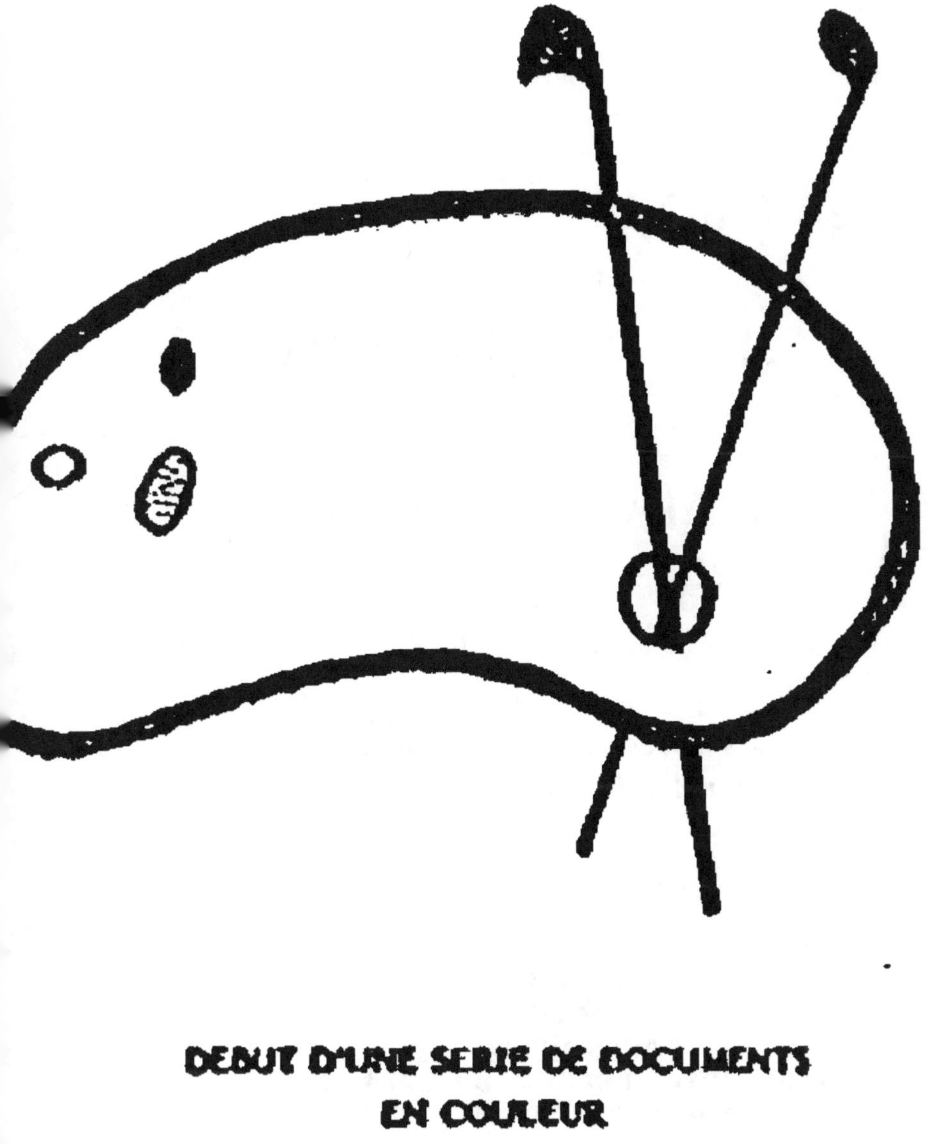

DEBUT D'UNE SERIE DE DOCUMENTS
EN COULEUR

FRANZ GAUTIER

NOTES

ET

DOCUMENTS

SUR

LA COLONISATION FRANÇAISE

EN TUNISIE

(De quelques modes de Culture et de quelques exemples de Colonisation).

TOURS-BLOIS

IMPRIMERIES RÉUNIES DU CENTRE

EMMANUEL RIVIÈRE, INGÉNIEUR E. C. P.

1903

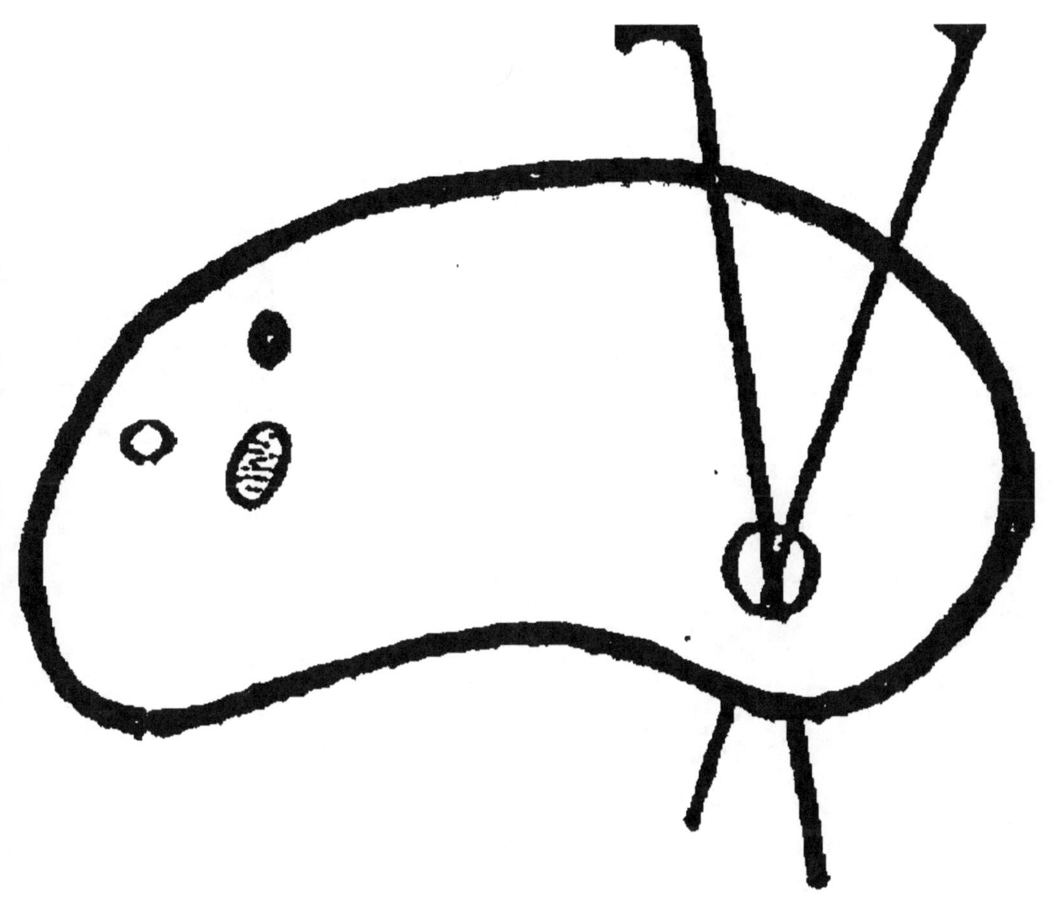

FIN D'UNE SERIE DE DOCUMENTS
EN COULEUR

NOTES ET DOCUMENTS

SUR

LA COLONISATION FRANÇAISE EN TUNISIE

FRANZ GAUTIER

NOTES

ET

DOCUMENTS

SUR

LA COLONISATION FRANÇAISE

EN TUNISIE

*(De quelques modes de Culture et de quelques
exemples de Colonisation).*

TOURS-BLOIS
IMPRIMERIES RÉUNIES DU CENTRE
EMMANUEL RIVIÈRE, INGÉNIEUR E. C. P.

1903

NOTES ET DOCUMENTS

SUR

LA COLONISATION FRANÇAISE

EN TUNISIE

Lorsque, après un long et intéressant voyage, je quittai la Tunisie il y a quelques années, M. Gustave Wolfrom, alors directeur de l'Agriculture et chef de la Colonisation, sous la haute autorité de M. Millet et de M. Révoil, donnait un essor considérable à la colonisation française.

Très compétent en matière agricole, énergique, perspicace, il vouait tout son temps, il consacrait toute sa science à développer cette idée de colonisation qui fait aujourd'hui la fortune de la Tunisie ; sa thèse était que tout bon cultivateur, qui a bien choisi son terrain et qui travaille sérieusement, doit obtenir en une année normale les rendements et revenus prévus. Conseillant plutôt les exploitations agricoles que les entreprises industrielles, son idée était d'inculquer aux propriétaires la passion du travail et en même temps d'attirer à lui de nouveaux colons; il insistait sur la nécessité de faire venir les petits colons, possesseurs de peu d'argent, il est vrai, mais qui n'auront qu'un but, celui d'augmenter le produit de leur entreprise; et c'est ainsi qu'il les préférait aux capitalistes, qui, s'ils possèdent beaucoup, sont moins nombreux.

L'an dernier, je suis retourné en Tunisie, et je n'ai pas manqué de recommencer ma petite tournée dans la campagne. Beaucoup de changements s'étaient produits à la Régence de Tunis.

M. Millet avait été remplacé par M. Pichon, qui, après les rudes épreuves de Chine, fut mis à la tête de la Résidence générale. Le choix n'en pouvait être meilleur. M. Pichon est, en effet, un homme intelligent, capable et volontaire, et son secrétaire M. d'Anthouard succédait à l'éminent M. Révoil. M. Pichon et M. d'Anthouard connaissent à fond, plus que toutes autres, les questions tunisiennes. Dès leur arrivée en Tunisie, ils ont compris qu'il fallait développer de plus en plus l'esprit colonisateur; ils y ont réussi grandement. Dans son dernier rapport, en effet, M. d'Anthouard annonce que la quantité de terres, dont l'administration dispose, diminue de jour en jour, et que, dans un avenir très prochain, le service de la colonisation a crainte de ne pouvoir satisfaire nos futurs colons. Que demander de plus ? C'est une belle victoire remportée !

La Tunisie a eu le malheur de perdre, en 1902, son bey, qui avait su gagner la sympathie et le respect de tous.

S. A. Sidi Ali est mort et son fils S. A. El Hadi lui a succédé. Celui-ci a continué heureusement la politique de son père : il s'est fait, lui aussi, l'ami de la France, soutenant ses intérêts, sachant bien qu'ils étaient aussi ceux de son pays. Esprit intelligent et éclairé, S. A. El Hadi s'intéresse à toutes les questions avec la même clairvoyance. Dernièrement encore, lors du voyage de M. Loubet. président de la République, il affirma sa sympathie, son admiration pour notre belle France, en lui promettant tout son dévouement ; par de belles paroles sincères, il a montré qu'il était tout acquis à notre cause. Je me fais un devoir de lui rendre hommage, et je ne doute pas que, grâce à S. A. El Hadi, la Tunisie ne devienne plus belle encore et plus prospère.

M. Hugon a remplacé aujourd'hui M. Wolfrom. appelé à de hautes fonctions au Ministère des Affaires Étrangères.

Avec des idées très personnelles et très remarquables, M. Hugon a continué l'œuvre de M. Wolfrom.

Je n'eus pas cru qu'un tel élan pût être donné à la colonisation en si peu de temps, et je me plais à féliciter ces admirables administrateurs de leur travail et de leur succès. Ne croyez pas que j'ai vu des plaines toutes couvertes de vigne, d'oliviers, de céréales. Non, j'ai admiré des fermes-modèles où régnaient partout la fièvre du travail ; j'ai interrogé ceux-ci, ceux-là, félicité les uns, encouragé les autres ; j'ai causé aussi sérieusement avec le colon, l'ouvrier, l'indigène ; bref, j'ai voulu étudier à fond la science de la colonisation, qui ne demande qu'à grandir.

Je voudrais convaincre tous les travailleurs étouffant dans la mère-patrie et qui jettent un regard d'envie vers les terres aurifères d'Afrique, d'Amérique, vers les steppes désertes de la Russie ; je voudrais les détourner de ces illusions dorées en leur représentant la Tunisie comme le seul pays d'avenir agricole.

Il ne faut pas oublier que, dans l'ancien temps, plus de dix millions de Romains y vivaient ; pourquoi ne reviendrait-elle pas ce qu'elle était autrefois ? Depuis plus de vingt ans que la France a établi son protectorat, la colonie s'est transformée extraordinairement ; de jour en jour, les voies de communication s'y sont multipliées ; tout en permettant des travaux considérables, le budget s'équilibre.

Ce n'est pas chose facile que de contraindre un brave paysan à quitter son pays natal, les biens de ses ancêtres, ses habitudes, sa famille, pour partir à l'aventure dans tel ou tel pays, sans avoir l'idée d'y revenir quelque jour. Bien souvent, d'ailleurs, il a été alléché par des prospectus qui lui promettaient la fortune sans travailler, dans une contrée où il n'avait qu'à regarder pousser le blé et croître les bestiaux.

Mais je suis certain que cet homme, si méfiant d'abord, se laissera convaincre en examinant lui-même la situation qu'il peut se créer dans un pays voisin, abrité par les lois de sa patrie, soutenu par ses propres concitoyens, sachant qu'il restera Français toujours. Il repoussera toute idée d'émigration qui le transportera le plus souvent sur un sol malsain, où il ne peut s'acclimater, où il ne pourra pas travailler.

La Tunisie offre tous ces avantages aux colons : elle est voisine de la Métropole ; le climat y est excellent ; la nature des cultures et l'outillage agricole y sont sensiblement les mêmes qu'en France, et, comme je viens de le dire, le colon obéit à ses lois et l'administration française, sous l'active et intelligente direction de M. Pichon, résident général, est toujours prête à le guider, à l'aider et à soutenir l'inexpérience du début.

Il n'existe pas de concessions gratuites; celles-ci ont le grand inconvénient, tout en grevant lourdement les finances d'un pays, d'atténuer en l'appauvrissant l'initiative utile du colon, qui, forcément, se désintéresse peu à peu d'une terre qu'il n'a point payée: il faut des colons libres et indépendants.

Sachant son bien autant que sa personne en sûreté, imposé équitablement et dans une juste proportion, obéissant à un régime douanier qui permettra facilement l'écoulement de ses produits, pouvant donner à ses enfants une bonne éducation, le colon pourra travailler et vivre de ses efforts, de son énergie, de son ingéniosité.

Tout en n'admettant pas la colonisation officielle, le gouvernement du Protectorat fait tout son possible pour soutenir le colon nécessiteux qui dispose de peu, en lui réduisant le prix du voyage et en lui facilitant son installation.

Même en ayant un petit capital, on peut donc venir en Tunisie; mais, suivant ce que l'on veut entreprendre, les modes d'exploitation varient.

En France, nos agriculteurs sont des fermiers ou métayers qui cultivent une terre ne leur appartenant pas, ils se succèdent les uns aux autres ; là, la situation change du tout au tout.

Le colon qui a résolu de venir travailler en Tunisie ne va pas trouver une ferme confortable entourée de bâtiments nombreux abritant des bestiaux, des chevaux, du fourrage, tous les ustensiles nécessaires à la culture ; il n'aura pas non plus un village, une ville à quelques kilomètres ; il arrivera au milieu d'une brousse non défrichée, et tout ce dont il a besoin il devra le créer et l'inventer pour vivre et pour travailler.

Il empruntera donc aux capitalistes pour monter sa ferme, car ses capitaux ne suffiront pas, et peu à peu il développera son entreprise suivant les ressources que lui procureront sa fermeté, son énergie et son travail.

M. Gustave Wolfrom a publié une brochure remarquable sur « les exemples de combinaisons agricoles applicables en Tunisie » qui les explique admirablement.

Nous allons voir comment il envisage les rapports entre les propriétaires et les capitalistes.

Parmi les colons, les uns possèdent 20.000 francs, les autres cinquante, d'autres plus encore.

Le champ est vaste et les combinaisons agricoles

innombrables qui consistent à faire exploiter des domaines par des fermiers ou des métayers.

Comment donc les propriétaires et les capitalistes arriveront-ils à faire fructifier leurs capitaux ?

La condition première, est-il besoin de le dire, est l'union intime du travail et du capital.

Le capitaliste apporte l'argent, mais les petits colons font le nombre.

Quatre combinaisons ont retenu l'attention de M. Wolfrom, parce qu'il pense que ces prévisions, si elles ne doivent pas être envisagées comme une certitude mathématique, ont les plus grandes chances de réussite, étant donné qu'on a souvent guidé et expérimenté ces combinaisons.

Elles ont deux caractères communs ; dans chacune le propriétaire ou capitaliste achète la terre, bâtit l'écurie, construit la maison et creuse le puits. Il pourra faire au colon quelque avance, s'il est peu fortuné, pour lui permettre de subsister jusqu'à la récolte.

Dans la première combinaison, le capitaliste reste propriétaire du sol et partage dans une certaine proportion les produits de la terre avec le métayer

Celui-ci entre dans une ferme agencée, mais il a à acheter son matériel, sa nourriture et celle de ses animaux.

Le revenu brut du propriétaire est de 5 0/0 pendant 4 ans, à partir de la cinquième année elle monte à plus de 13 0/0.

Dans la seconde combinaison, le capitaliste a affaire à un agriculteur possédant quelques milliers de francs. Ce ne sera plus un simple contrat de métayage. Le fermier paye au propriétaire 5 0/0 des capitaux engagés, fournit lui-même tout le travail et tout le cheptel.

Au bout de cinq ans la vigne plantée entre en sérieux rapport, le propriétaire en abandonne le tiers au fermier, qui devient lui-même à son tour propriétaire, tout en demeurant métayer pour le reste.

Le premier capital rapporte toujours 5 0/0 et il a chaque année, en plus, le produit de sa vigne. Ce système est certainement le plus parfait.

Le propriétaire ne court aucun risque, puisque toutes les avances qu'il a faites restent inhérentes au sol ; quant au fermier, sa situation est excellente, il ne paye qu'un fermage faible, et à la cinquième année ses avantages se trouvent augmentés de la possession et de la jouissance exclusive d'une partie des vignobles. (Il importe, naturellement, de ne pas mettre sa confiance dans le premier venu ; c'est facile à comprendre).

Dans la troisième combinaison, le cultivateur n'a aucune avance, il ne possède que ses bras et sa bonne volonté. Le propriétaire a tout à sa charge, depuis le dernier des instruments aratoires et l'entretien personnel du fermier jusqu'à la récolte. Ses risques étant plus grands, sa part doit être nécessairement plus grande et sur fermage plus élevé.

L'intérêt de cette combinaison serait de créer une douzaine de fermes, de les garder et de centraliser la production.

Le revenu du propriétaire peut ainsi passer de 5 à 20 0.0.

Enfin, la dernière combinaison est toute différente des précédentes. Le propriétaire fournit tout au petit cultivateur qui possède 3.000 francs et lui remet tout ce qui lui est nécessaire à l'exploitation de la ferme et en plus lui verse cinquante francs par mois, en se contentant de 6 à 7 0.0 du capital engagé.

C'est là une opération modeste, d'un intérêt peu rémunérateur, et le propriétaire ne peut guère escompter comme bonne spéculation que de la plus-value des terres environnantes, soit que des fermiers veuillent s'agrandir, soit qu'ils en aient attiré de nouveaux autour d'eux.

Cette courte étude sur les combinaisons est très

aride ; elle n'a pas la clarté, ni la netteté merveilleuse de la brochure de M. Wolfrom.

C'est une question très intéressante, très bien étudiée et je conseillerai à tout futur colon de la lire attentivement comme elle le mérite.

Le climat, bien que sujet à des variations fréquentes, n'est pas insalubre.

L'année comprend une saison pluvieuse et une saison chaude séparée par deux saisons très douces. La température ne diffère pas beaucoup de celle de la France et les maladies contractées sont dues surtout à la fraîcheur des nuits, succédant trop rapidement à la chaleur du jour.

Le moment le meilleur pour venir en Tunisie est sans contredit la période comprise entre la fin de septembre et le commencement de mai.

Le nouvel arrivant pourra profiter de ce climat agréable, pour parcourir les différentes régions, examiner, choisir son terrain ; il trouvera, à cette époque, plus facilement du travail, la campagne agricole ne s'ouvrant qu'en octobre.

Les vignerons pourront s'engager chez les propriétaires-viticulteurs pour la taille de la vigne ; les laboureurs pourront aussi participer immédiatement aux travaux des champs, et les ouvriers qui ont un

métier spécial trouveront à s'embaucher moins diffi-
cilement au moment où le commerce et l'industrie
redoublent d'activité à l'arrivée des hiverneurs et
au retour de tous ceux qui vont en France passer
l'été.

Je voudrais maintenant donner quelques rensei-
gnements techniques sur les genres d'agriculture et
d'élevage que peut affronter le colon. Ils diffèrent
suivant les régions. Nous allons le voir.

En règle générale on peut établir l'exploitation du
sol sur les mêmes bases qu'en France, principalement dans le midi, avec certaines différences résul-
tant des variations de sol et de climat.

Je conseillerai au colon de s'adonner à l'élevage
des bêtes à cornes et à la culture des céréales; si les
circonstances le lui permettent, il s'occupera aussi de
la vigne et de l'olivier.

Ceux qui ont agi ainsi ont fort bien réussi. Pour
un colon qui dispose de peu de capitaux la mo-
noculture doit être cependant écartée; je sais bien
que certains possesseurs de forts capitaux ont réalisé
de très grosses fortunes dans la culture seule de la
vigne, mais pour le petit propriétaire cette combinaison est plus dangereuse.

Il faut, à mon avis, et je m'en suis encore fort bien
rendu compte dans ma récente tournée, combiner

simultanément l'élevage du bétail avec a culture des céréales.

Dans le nord le fourrage vient en abondance et permet de nourrir un nombreux bétail; les sources y sont nombreuses et les pluies moyennes; aussi cette région offre-t-elle au colon les meilleures chances de réussite. Elle convient aussi, pour la même raison, à la petite comme à la grande colonisation.

Dans la vallée de la Medjerda, le sol favorise les céréales; l'eau cependant, assez rare en certains moments, fait craindre de malencontreuses sécheresses. Dans la vallée inférieure de la Medjerda sont situés une partie des vignobles; l'autre partie se trouve à la base de la presqu'île du Cap-Bon. On pourra aussi y planter l'olivier, bien qu'il préfère le sol peu arrosé du Sahel dans les environs de Sfax.

Les montagnes centrales de la Tunisie sont favorables à l'élevage du cheval et du mouton principalement; enfin, dans la région des oasis, grâce à la facilité de l'irrigation, toutes les cultures peuvent être pratiquées, à l'exception de l'olivier qui demande plus de sécheresse; le palmier-dattier, bonne source de profits, constitue le principal revenu des oasis.

Les céréales cultivées sont le blé, l'orge et l'avoine; l'avoine donne d'excellents rendements; non seulement elle sert à l'alimentation des chevaux, mais encore elle est exportée en assez grande quantité.

La vigne ne date que de l'occupation française et a fait des progrès très rapides ; elle nécessite le défrichement complet du sol et un défoncement sérieux. Elle réclame de grands soins, coûte cher d'entretien, c'est vrai, mais rapporte beaucoup ; on compte de 35 à 50 hectolitres par hectare.

La plus grande partie des vins tunisiens peut entrer en France en ne payant qu'un droit de 0 fr. 60 par hectolitre, sous le bénéfice de la loi du 19 juillet 1890 ; aussi la presque totalité des vins produits en Tunisie sont-ils écoulés dans des conditions avantageuses sur le marché de la Métropole, les quantités nécessaires à la consommation locale étant peu considérables.

La culture de l'olivier est la plus ancienne et occupe des surfaces considérables dans le nord, l'est et le sud ; l'olivier donne des récolte régulières, mais je le recommanderais comme culture économique.

L'huile d'olive est admise en France, en franchise, sous le bénéfice de la loi du 19 juillet 1890.

Parmi les autres cultures fruitières, je citerai le le figuier, le caroubier, l'amandier, le pistachier, le grenadier, etc.

A côté des entreprises agricoles, la Tunisie abrite des entreprises industrielles, dues à ses richesses minérales.

On rencontre aux environs de Gafsa des carrières de phosphate de chaux, des mines de fer, de zinc; des sources d'eaux minérales ont été exploitées, mais la Tunisie en est encore à l'âge de l'agriculture, et l'industrie proprement dite commence à peine à se développer.

Avant l'occupation française, le total des échanges ne dépassait pas 27 millions.

Aujourd'hui le commerce de la Tunisie est quadruplé, et cet accroissement provient des conditions nouvelles d'existence et de sécurité faites au pays.

C'est donc bien l'agriculture qui fournit au trafic ses principaux éléments.

Les voies de communication augmentent de jour en jour et elles sont indispensables à l'essor des exploitations agricoles; toutes les lignes aboutissent aux quatre grands ports: Bizerte, Tunis, Sousse et Sfax, et ceux-ci sont pourvus de l'outillage nécessaire pour l'entrepôt et la manutention des marchandises. Enfin, des lignes de navigation mettent quotidiennement en rapport les côtes tunisiennes avec les ports de tous les pays.

Mais, en ce moment, si les domaines français sont les plus riches, ils ne sont pas les plus nombreux : c'est un danger permanent, car il y a surtout à surveiller de près l'immigration italienne.

Depuis quelque temps, les Italiens font tous leurs efforts pour accaparer la terre, en se rappelant cet axiome que « dans toutes les régions tempérées, la domination politique appartient tôt ou tard à la race qui cultive le sol ».

La proximité de la Sicile, la facilité avec laquelle s'exile l'Italien expliquent cette immigration qu'encourage d'ailleurs le gouvernement transalpin ; il faut donc lutter et se défendre.

Donc, je voudrais voir des colons venir travailler le beau sol tunisien ; « l'essayer, c'est l'adopter », et je suis sûr que quiconque l'essayera l'adoptera. En effet, je fus frappé, dans ma tournée, du nombre d'anciens officiers ou fonctionnaires français devenus colons.

Cet exemple est la meilleure preuve de l'avenir que trouveront en Tunisie ceux qui y viendront, ceux que tentera ce beau pays, vaste champ d'activité.

Comme je l'ai dit, ceux-ci ne seront pas tout à fait abandonnés sur le sol inconnu ; la Régence est dirigée par des hommes de valeur ; j'ai cité leurs noms,

M. Pichon, notre sympathique résident général, M. d'Anthouard, le délégué de la résidence, M. Hugon et M. Gilbert, dont les efforts tendent uniquement à accroître la puissance de la Tunisie.

Ils connaissent à fond, je le répète, les questions agricoles et nul doute qu'ils ne réussissent dans la tâche qui leur incombe, et à laquelle ils se sont consacrés. Pour finir, je rends hommage à S. A. El Hadi, qui, grâce à son intelligence et à son tact, à son union et à son respect pour la France, a su concilier les intérêts de tous; collaborateur personnel de la Régence, il peut être fier de son œuvre et se dire qu'il ouvre franchement à la Tunisie les portes de la fortune.

Tunis, Février 1903.

1161. — Imprimeries réunies du Centre, Tours-Blois

13

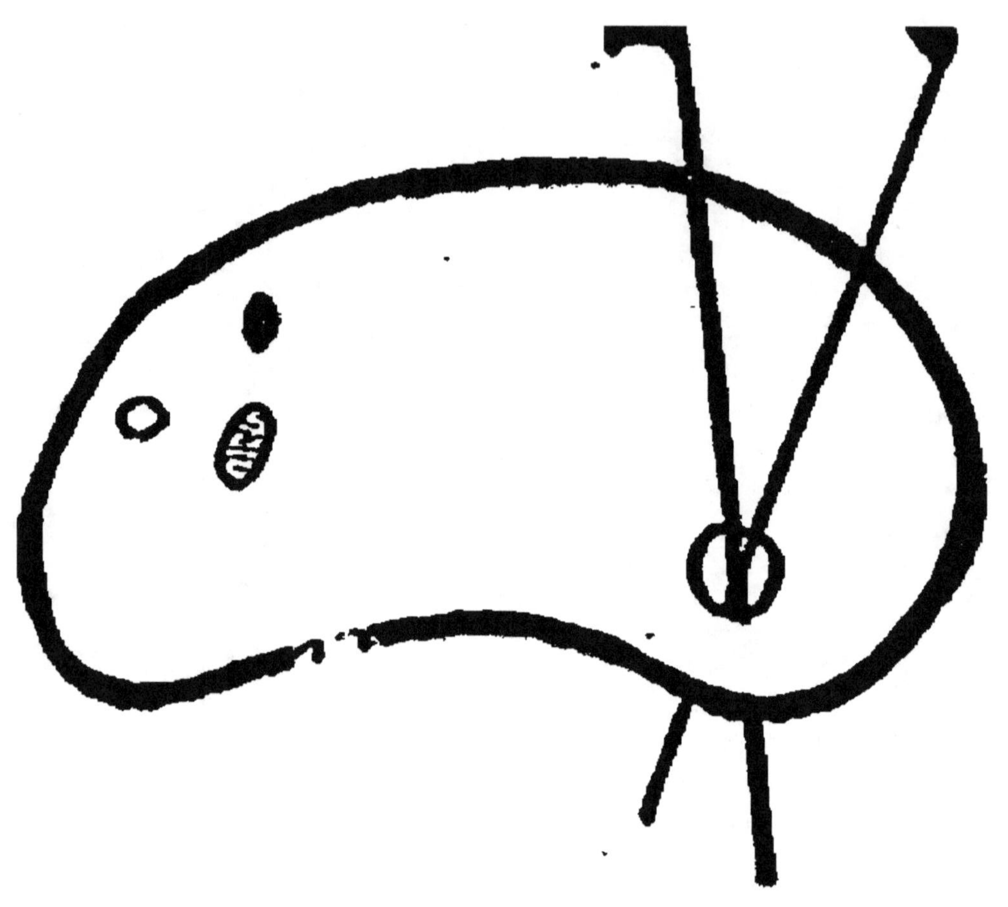

ORIGINAL EN COULEUR
NF Z 43-120-8